Pe. ADEMIR BERNARDELLI, C.Ss.R.

NOVENA DE SANTA RITA DE CÁSSIA

A Santa das causas impossíveis

Coordenação Editorial: Elizabeth dos Santos Reis
Revisão: Ana Lúcia de Castro Reis
Diagramação: Alex Luis Siqueira Santos
Capa: Bruno Olivoto

ISBN 85-7200-801-2

1ª Impressão 2003

13ª Impressão

Todos os direitos reservados à **EDITORA SANTUÁRIO** – 2024

Rua Pe. Claro Monteiro, 342 – 12570-045 – Aparecida-SP
Tel.: 12 3104-2000 – Televendas: 0800 016 00 04
www.editorasantuario.com.br
vendas@editorasantuario.com.br

Santa Rita de Cássia

Margherita nasceu no ano de 1381 em Roccaporena, na Itália, a cinco quilômetros de Cássia, onde foi batizada, e logo recebeu o apelido carinhoso de Rita. E, com esse apelido, seria mais tarde evocada por todos os seus devotos.

Rita era de família pobre e humilde. Os seus pais foram Antônio Macini e Amanta Ferri, família religiosa e temente a Deus.

A menina Rita casou-se cedo, mas não sabia que o seu sofrimento seria tão grande. Com apenas 15 anos, contraiu matrimônio com um jovem, chamado Paulo de Ferdinando, homem bravo e muito nervoso. De seu casamento, que durou dezoito anos, nasceram dois filhos: João Jácomo e Paulo Maria. Após tantas orações, o marido se converteu. Pouco tempo depois ele é assassinado, e os filhos procuram vingar a morte do pai. Rita inicia suas preces, buscando perdoar o crime. Em suas orações, pede a Deus por seus filhos. Preferia que Deus os tirasse a vê-los na desgraça.

Após a morte dos filhos e de muita angústia, Rita resolve realizar um sonho que sempre a acompanhou: tornar-se religiosa no convento Agostiniano de Cássia. Nesse convento, Rita viveu quarenta anos, dos quais quinze passou levando, em sua fronte, um espinho que desprendera da coroa de Jesus crucificado. Assim, Deus santificou essa mulher para a glória do Pai e para ser a intercessora junto ao povo sofrido.

No ano de 1628, o Papa Urbano VIII beatificou a religiosa Agostiniana Rita, e o Papa Leão XIII, no ano de 1900, canonizou-a, levando à glória dos altares a Santa das causas impossíveis: *Santa Rita de Cássia*.

COMO FAZER A NOVENA

(Roteiro para todos os dias)

Oração inicial

— Em nome do Pai, do Filho e do Espírito Santo.
— Amém.

Oração: Milagrosa Santa Rita de Cássia, rogai por nós, favorecei nossa súplica, vós que resolveis todas as dificuldades; que sois a Santa "advogada dos impossíveis"; que por vossas sublimes virtudes, tudo conseguis, em nosso benefício; descei um olhar generoso a estas aflitas criaturas, que recorrem à vossa proteção. Ajudai-nos, ó querida santa, em nossas aflições; socorrei-nos e defendei-nos em todos os perigos da vida. Amém.
— Rezar 1 *Pai-nosso* e 1 *Ave, Maria*.

Invocação ao Espírito Santo

Vinde, Espírito Santo, enchei os corações de vossos fiéis e acendei neles o fogo do vosso amor. Enviai

— 5 —

o vosso Espírito e tudo será criado. E renovareis a face da terra.

Oremos: Ó Deus, que iluminastes os corações dos vossos fiéis com a luz do Espírito Santo, concedei-nos que, pelo mesmo Espírito, apreciemos retamente todas as coisas, segundo o mesmo Espírito, e gozemos sempre de sua consolação. Por Cristo, nosso Senhor. Amém.

— Rezar 1 *Glória ao Pai*.

Oração final

Ó querida Santa Rita, agradecemos por este dia de novena, por refletirmos as vossas virtudes e meditarmos a Palavra de Deus, ajudai-nos a alcançar a graça que tanto vos pedimos. Amém.

Ladainha de Santa Rita

Senhor, tende piedade de nós.
Jesus Cristo, tende piedade de nós.
Senhor, tende piedade de nós.
Deus Pai do Céu, tende piedade de nós.
Deus Filho, Redentor do mundo,

tende piedade de nós.
Deus Espírito Santo, tende piedade de nós.
Santa Maria, rogai por nós.
Santa Mãe de Deus, rogai por nós.
Santa Rita, advogada das causas impossíveis,
rogai por nós.
Santa Rita, protetora dos desesperados,
rogai por nós.
Santa Rita, protetora dos aflitos, rogai por nós.
Santa Rita, consoladora dos sofredores,
rogai por nós.
Santa Rita, modelo de mãe, rogai por nós.
Santa Rita, modelo de fé, rogai por nós.
Santa Rita, modelo de esperança, rogai por nós.
Santa Rita, modelo de vida, rogai por nós.
Santa Rita, querida de Deus, rogai por nós.
Santa Rita, exemplo de religiosa, rogai por nós.
Santa Rita, mulher do perdão, rogai por nós.
Santa Rita, acolhedora dos pobres, rogai por nós.
Santa Rita, refúgio de fé, rogai por nós.
Santa Rita, estandarte da alegria, rogai por nós.
Santa Rita, conselheira dos casos impossíveis,
rogai por nós.
Santa Rita, bandeira de amor e paz, rogai por nós.

Para que vos digneis abençoar esta novena, ouvi-nos, ó Santa Rita.

Para que vos digneis abençoar todos aqueles que recorrem a vós, ouvi-nos, ó Santa Rita.

Para que vos digneis atender os pedidos que aqui colocamos, ouvi-nos, ó Santa Rita.

Cordeiro de Deus, que tirais os pecados do mundo, ouvi-nos, Senhor.

Cordeiro de Deus, que tirais os pecados do mundo, perdoai-nos, Senhor.

Cordeiro de Deus, que tirais os pecados do mundo, tende piedade de nós.

Oração: Ó querida Santa, como é verdade que não fica desiludido nas suas esperanças quem confia no vosso patrocínio, sede-nos sempre favorável, para que sejamos dignos da misericórdia de Deus, e da vossa proteção na vida e na morte. Amém.

Em nome do Pai, do Filho e do Espírito Santo. Amém.

1º Dia

RITA, MULHER DA HUMILDADE

1. Oração inicial (p. 5)

2. Invocação ao Espírito Santo (p. 5)

3. Invocação própria do dia

Ó Santa Rita, modelo das virtudes cristãs, intercessora querida dos casos impossíveis, vinde em nosso auxílio, nesta novena que rezamos com toda devoção.

Santa Rita, modelo de humildade,
rogai por nós.

4. Leitura da Palavra de Deus
(Mt 11,28-30)

Vinde a mim todos vós, fatigados e sobrecarregados, e eu vos aliviarei. Tomai sobre os ombros meu jugo e aprendei de mim, que sou manso e humilde de coração, e achareis descanso para vossas almas. Pois meu jugo é suave e meu peso é leve.

— Palavra da Salvação.

5. Súplica

Ó Santa Rita, modelo das virtudes cristãs, intercedei por nós!

Ó Santa Rita, poderosa dos casos impossíveis, intercedei por nós!

Ó Santa Rita, que o nosso coração seja modelo de humildade, intercedei por nós!

— Rezar 1 *mistério do terço* e 1 *Glória ao Pai*.

6. Oração final (p. 6)

7. Ladainha de Santa Rita (p. 6)

2° Dia

RITA, MULHER DE ORAÇÃO

1. Oração inicial (p. 5)

2. Invocação ao Espírito Santo (p. 5)

3. Invocação própria do dia

Ó Santa Rita, querida protetora nos casos difíceis, revestida de glória por Jesus Crucificado, vinde em nosso auxílio, nesta novena que rezamos com toda devoção.

Santa Rita, virtude de oração, rogai por nós!

4. Leitura da Palavra de Deus
(Mt 26,42-43)

Novamente pela segunda vez foi rezar, dizendo: "Pai, se isto não pode passar sem que eu beba, faça-se a tua vontade". E, voltando outra vez, os encontrou adormecidos. É que eles tinham os olhos pesados.

— Palavra da Salvação.

5. Súplica

Ó Santa Rita, advogada dos casos difíceis, intercedei por nós!

Ó Santa Rita, exemplo de fé sincera, intercedei por nós!

Ó Santa Rita, modelo de oração a Cristo, intercedei por nós!

— Rezar 1 *mistério do terço* e 1 *Glória ao Pai.*

6. Oração final (p. 6)

7. Ladainha de Santa Rita (p. 6)

3º Dia

RITA, MULHER DO SOFRIMENTO

1. Oração inicial (p. 5)

2. Invocação ao Espírito Santo (p. 5)

3. Invocação própria do dia

Ó Santa Rita, mulher sofredora e fiel a Jesus, concedei-nos a graça de suportar os nossos sofrimentos, carregando a cruz do dia-a-dia. Vinde em nosso auxílio, nesta novena que rezamos com toda devoção.

Santa Rita, protetora dos sofredores,
rogai por nós!

4. Leitura da Palavra de Deus
(Mc 8,34-35)

Convocando em seguida a multidão juntamente com os discípulos, lhes disse: "Se alguém me quiser seguir, renuncie a si mesmo, tome sua cruz e me siga. Pois aquele que quiser salvar a vida há de perdê-la, mas aquele que perder a vida, por amor de mim e pela causa do Evangelho, há de salvá-la.

— Palavra da Salvação.

5. Súplica

Ó Santa Rita, verdadeira mártir de Cristo, intercedei por nós!

Ó Santa Rita, mulher do sofrimento, intercedei por nós!

Ó Santa Rita, mulher que assume a cruz de Cristo, intercedei por nós!

— Rezar 1 *mistério do terço* e 1 *Glória ao Pai*.

6. Oração final (p. 6)

7. Ladainha de Santa Rita (p. 6)

4º Dia

RITA, SANTA DOS AFLITOS

1. Oração inicial (p. 5)
2. Invocação ao Espírito Santo (p. 5)
3. Invocação própria do dia

Ó Santa Rita, protetora dos aflitos e advogada nossa, e das necessidades das mães de família, grande intercessora junto do Pai Celeste, vinde em nosso auxílio, nesta novena que rezamos com toda devoção.

Santa Rita, Santa dos aflitos, rogai por nós!

4. Leitura da Palavra de Deus
(Mc 5,35-41)

Enquanto ainda falava, chegou alguém da casa do chefe da sinagoga, dizendo: "Tua filha morreu; para que continuar incomodando o Mestre?" Ouvindo a notícia, Jesus disse para o chefe da sinagoga: "Não tenhas medo! Basta crer!" E não permitiu que ninguém o acompanhasse

— 15 —

senão Pedro, Tiago e João, irmão de Tiago. Ao chegarem à casa do chefe da sinagoga, Jesus viu o alvoroço e muito choro das carpideiras e pranteadeiras. Entrou na casa e lhes falou: "Por que todo este choro e alvoroço? A menina não morreu, está dormindo". E riam-se dele. Mas, tendo mandado sair todos, tomou o pai e a mãe e os que levava consigo, e entrou onde a menina estava. Segurou-lhe a mão e disse: "Talitá cumi", o que quer dizer: "Menina, ordeno, levanta-te!" — Palavra da Salvação.

5. Súplica
Ó Santa Rita, advogada dos aflitos, intercedei por nós!

Ó Santa Rita, protetora das mães em aflição, intercedei por nós!

Ó Santa Rita, auxílio em todas as necessidades, intercedei por nós!

— Rezar 1 *mistério do terço* e 1 *Glória ao Pai*.

6. Oração final (p. 6)

7. Ladainha de Santa Rita (p. 6)

5° Dia

RITA, SANTA DE DEUS

1. Oração inicial (p. 5)
2. Invocação ao Espírito Santo (p. 5)
3. Invocação própria do dia

Ó Santa Rita, Santa de Deus, escolhida para viver em sua própria vida a bondade do amor de Deus, revelando em suas obras as maravilhas operadas pelo criador, vinde em nosso auxílio, nesta novena que rezamos com toda devoção.

Santa Rita, Santa de Deus, rogai por nós!

4. Leitura da Palavra de Deus
(Lc 1,46-55)

E Maria falou: "Minha alma engrandece o Senhor e rejubila meu espírito em Deus, meu salvador, porque olhou para a humildade de sua serva.

Eis que desde agora me chamarão feliz todas as gerações, porque grandes coisas fez em mim o Poderoso, cujo nome é santo.

Sua misericórdia passa de geração em geração para os que o temem.

Mostrou o poder de seu braço e dispersou os que se orgulham de seus planos.

Derrubou os poderosos de seus tronos e exaltou os humildes.

Encheu de bens os famintos e aos ricos despediu de mãos vazias.

Acolheu Israel, seu servo, lembrando-se de sua misericórdia, segundo o que prometera a nossos pais, em favor de Abraão e de sua descendência para sempre".

— Palavra da Salvação.

5. Súplica

Ó Santa Rita, serva amada de Deus, intercedei por nós!

Ó Santa Rita, templo de Deus Santificador, intercedei por nós!

Ó Santa Rita, acolhedora da bondade de Deus, intercedei por nós!

— Rezar 1 *mistério do terço* e 1 *Glória ao Pai*.

6. Oração final (p. 6)

7. Ladainha de Santa Rita (p. 6)

6° Dia

RITA, SANTA DO POVO

1. Oração inicial (p. 5)

2. Invocação ao Espírito Santo (p. 5)

3. Invocação própria do dia

Ó Santa Rita, escolhida e amada por Deus para ser a Santa de tão grande número de fiéis, concedei-nos viver e testemunhar a fé, para que possamos também um dia chegar à santidade. Vinde em nosso auxílio, nesta novena que rezamos com toda devoção.

Santa Rita, Santa do povo, rogai por nós!

4. Leitura da Palavra de Deus
(Rm 14,7-9)

Porque nenhum de vós vive para si mesmo, como nenhum de vós morre para si mesmo. Pois, se vivemos, é para o Senhor que vivemos, e se morremos, é para o Senhor que morremos. Quer vivamos, quer morramos, pertencemos ao Senhor.

— Palavra do Senhor.

5. Súplica

Ó Santa Rita, virtude de santidade, intercedei por nós!

Ó Santa Rita, do povo sois padroeira, intercedei por nós!

Ó Santa Rita, consoladora dos aflitos, intercedei por nós!

— Rezar 1 *mistério do terço* e 1 *Glória ao Pai*

6. Oração final (p. 6)

7. Ladainha de Santa Rita (p. 6)

7º Dia

RITA, REPLETA DE ESPERANÇA

1. Oração inicial (p. 5)

2. Invocação ao Espírito Santo (p. 5)

3. Invocação própria do dia

Ó Santa Rita, que em vossa vida terrena nos mostrastes tanto amor e compaixão, nunca desanimastes, sempre fostes repleta de esperança, vinde em nosso auxílio, nesta novena que rezamos com toda devoção.

Santa Rita, Santa da esperança, rogai por nós!

4. Leitura da Palavra de Deus
(Rm 5,1-5)

Justificados, pois, pela fé, temos paz com Deus por meio de nosso Senhor Jesus Cristo. Por ele é que em virtude da fé chegamos à graça em que nos mantemos e gloriamos na esperança da glória de Deus. E não só isso. Até nas tribulações nos gloriamos. Pois sabemos que a tribulação produz paciência, a paciência prova a fidelidade e a fidelidade comprovada produz a esperança. E a esperança não engana, pois o amor de Deus se derramou em nossos corações pelo Espírito Santo, que nos foi dado.

— Palavra do Senhor.

5. Súplica

Ó Santa Rita, auxílio em nossos pedidos, intercedei por nós!

Ó Santa Rita, guardadora da fé, intercedei por nós!

Ó Santa Rita, escolhida por Deus para ser nosso modelo, intercedei por nós!

— Rezar 1 *mistério do terço* e 1 *Glória ao Pai*.

6. Oração final (p. 6)

7. Ladainha de Santa Rita (p. 6)

8º Dia

RITA, ROSA PERFUMADA

1. Oração inicial (p. 5)

2. Invocação ao Espírito Santo (p. 5)

3. Invocação própria do dia

Ó Santa Rita, que perfumastes vossa vida através da oração e da ajuda ao próximo, perfumai também minha vida, apesar dos sofrimentos e espinhos que colhemos. Vinde em nosso auxílio, nesta novena que rezamos com toda devoção.

Santa Rita, rosa perfumada, rogai por nós!

4. Leitura da Palavra de Deus
(Gn 8,21-22)

O Senhor aspirou o suave odor e disse consigo mesmo: "Nunca mais tornarei a amaldiçoar a terra por causa dos homens, pois a tendência do coração humano é má desde a infância. Nunca mais tornarei a exterminar todos os seres vivos como acabei de fazer.

Enquanto a terra durar, semeadura e colheita, frio e calor, verão e inverno, dia e noite jamais hão de acabar".

— Palavra do Senhor.

5. Súplica

Ó Santa Rita, aroma de fé, intercedei por nós!
Ó Santa Rita, roseira de amor, intercedei por nós!
Ó Santa Rita, perfume do Senhor,
intercedei por nós!
— Rezar 1 *mistério do terço* e 1 *Glória ao Pai*.

6. Oração final (p. 6)

7. Ladainha de Santa Rita (p. 6)

9º Dia

RITA, COROADA DE ESPINHOS

1. Oração inicial (p. 5)
2. Invocação ao Espírito Santo (p. 5)
3. Invocação própria do dia

Ó Santa Rita, que tivestes na vossa vida o estigma do espinho que se desprendeu da coroa de Cristo, mas suportastes as dores, nós vos pedimos que nos ajudeis a suportar as dificuldades da vida e as dores, causadas pelos sofrimentos. Vinde em nosso auxílio, nesta novena que rezamos com toda devoção.

Ó Santa Rita, coroada de espinhos, rogai por nós!

4. Leitura da Palavra de Deus
(Lc 23,33-38)

Quando chegaram ao lugar chamado *A Caveira*, ali crucificaram a Jesus e aos dois criminosos, um à direita e o outro à esquerda. Jesus dizia: "Pai, perdoa-lhes porque não sabem o que fazem". Depois, repartindo as vestes sortearam-nas. O povo conservava-se lá e observava. Os sumos-sacerdotes escarneciam de Jesus, dizendo: "A outros salvou; se for o Messias de Deus, o Eleito, salve-se a si mesmo". Também os soldados, aproximando-se para oferecer-lhe vinagre, zombavam, dizendo: "Se és o rei dos judeus, salva-te a ti mesmo". Pois havia também uma inscrição acima dele: "Este é o rei dos judeus".

— Palavra da Salvação.

5. Súplica

Ó Santa Rita, mãe sofredora, intercedei por nós!

Ó Santa Rita, coroada de sofrimentos, intercedei por nós!

Ó Santa Rita, auxílio de fé, intercedei por nós!

— Rezar 1 *mistério do terço* e 1 *Glória ao Pai*.

6. Oração final (p. 6)

7. Ladainha de Santa Rita (p. 6)

CÂNTICOS

1. Hino a Santa Rita de Cássia
1. Santa, que louvamos com amor,/ dai-nos vossa benção por favor./ Vossa vida sempre foi/ um exemplo para nós./ Ó Santa poderosa,/ que a Deus muito amastes.
2. Santa que louvamos com amor,/ todo mundo alcançou/ vossa fé e vosso poder,/ ó Santa poderosa
3. A videira que plantou/ muito cedo ela floriu,/ ó Santa poderosa.
4. Abençoai nossas famílias,/ dai-nos paz e proteção,/ ó Santa poderosa.
5. Dentre as flores fostes a rosa/ escolhida lá do céu,/ ó Santa poderosa.

2. Hino a Santa Rita
Santa Rita, da glória celeste,/ teus devotos a Cristo conduz./ De mil graças a fé nos reveste,/ atraindo-nos junto a Jesus.
1. Salve, ó Santa Rita, fiel padroeira,/ salve! Salve! E, da glória sem véu,/ sê nossa guia segura e certeira/ para Deus, para a pátria do céu.

2. Ó modelo de filha, de esposa,/ e do claustro invejável esplendor,/ em teus passos nossa alma ditosa/ possa encher-te de graça e amor.

3. Ah! Protege as humildes ovelhas,/ conduzindo-as de Cristo ao redil./ E de amor as mais vias centelhas/ vêm, por Deus, expandir no Brasil.

3. Há um barco esquecido na praia

1. Há um barco esquecido na praia; já não leva ninguém a pescar. É o bardo de André e de Pedro, que partiram pra não mais voltar. Quantas vezes partiram seguros, enfrentando os perigos do mar. Era chuva, era noite, era escuro, mas os dois precisavam pescar...

De repente aparece Jesus, pouco a pouco se acende uma luz. É preciso pescar diferente, que o povo já sente que o tempo chegou. E partiram, sem mesmo pensar nos perigos de profetizar. Há um barco esquecido na praia... um barco esquecido na praia...

2. Há um barco esquecido na praia, já não leva ninguém a pescar. É o barco de João e Tiago, que parti-

ram pra não mais voltar. Quantas vezes em tempos sombrios, enfrentando os perigos do mar, barco e rede voltavam vazios, mas os dois precisavam pescar.

3. Quantas barcos deixados na praia! Entre eles o meu deve estar. Era o barco dos sonhos que eu tinha, mas eu nunca deixei de sonhar. Quantas vezes enfrentei o perigo, no meu barco de sonho a singrar. Jesus Cristo remava comigo: eu no leme, Jesus a remar...

De repente me envolve uma luz e eu entrego o meu leme a Jesus! É preciso pescar diferente, que o povo já sente que o tempo chegou. E partimos pra onde Ele quis, tenho cruzes mas vivo feliz. Há um barco esquecido na praia, um barco esquecido na praia, um barco esquecido na praia.

4. Me chamaste para caminhar

1. Me chamaste para caminhar na vida contigo, decidi para sempre seguir-te, não voltar atrás. Me puseste uma brasa no peito e uma flecha na alma, é difícil agora viver sem lembrar-me de ti.

Te amarei, Senhor, te amarei, Senhor, eu só encontro a paz e a alegria bem perto de ti. (bis)

2. Eu pensei muitas vezes calar e não dar nem resposta, eu pensei na fuga esconder-me, ir longe de ti. Mas tua força venceu e ao final eu fiquei seduzido, é difícil agora viver sem saudades de ti.
3. Ó Jesus, não me deixes jamais caminhar solitário, pois conheces a minha fraqueza e o meu coração. Vem, ensina-me a viver a vida na tua presença, no amor dos irmãos, na alegria, na paz, na união.

5. Eis-me aqui, Senhor
Eis-me aqui, Senhor! Eis-me aqui, Senhor! Pra fazer tua vontade, pra viver do teu amor, pra fazer tua vontade, pra viver do teu amor, eis--me aqui, Senhor!
1. O Senhor é meu Pastor que me conduz, por caminhos nunca vistos me enviou, sou chamado a ser fermento, sal e luz, e por isso, respondi: aqui estou!
2. Ele pôs em minha boca uma canção, me uniu como profeta e trovador, da história e da vida do meu povo, e por isso, respondi: aqui estou!

6. Escutei teu chamado
1. Um dia escutei teu chamado, divino recado, batendo no coração. Deixei deste mundo

as promessas, e fui bem depressa no rumo de tua mão.

Tu és a razão da jornada, tu és minha estrada, meu guia, meu fim. No grito que vem de meu povo, te escuto de novo chamando por mim.

2. Os anos passaram ligeiro, me fiz um obreiro de paz e amor. Nos mares do mundo navego, às redes me entrego, seguindo meu Senhor.

3. Embora tão fraco e pequeno, caminho sereno com a força que vem de ti. A cada momento que passa, revivo esta graça, de ter sinal aqui.

7. Senhor, se tu me chamas

Senhor, se tu me chamas, eu quero te ouvir. Se queres que eu te siga, Senhor, estou aqui. (bis)

1. Profetas te ouviram e seguiram tua voz, andaram mundo afora e pregaram sem temor. Seus passos tu firmaste, sustentando seu vigor. Profeta tu me chamas: vê, Senhor, aqui estou!

2. Nos passos de teu Filho, toda Igreja também vai, seguindo teu chamado de ser santa qual Jesus. Após-

tolos e mártires se deram sem medir. Apóstolo me chamas: vê, Senhor, estou aqui!

8. Cristo, quero ser instrumento

1. Cristo, quero ser instrumento, de tua paz e do teu infinito amor; onde houver ódio e rancor, que eu leve a concórdia, que eu leve o amor.

Onde há ofensa que dói, que eu leve o perdão; onde houver a discórdia, que eu leve a união e tua paz.

2. Mesmo que haja um só coração, que duvida do bem, do amor e do céu, quero com firmeza anunciar, a Palavra que traz a clareza da fé.

3. Onde houver erro, Senhor, que eu leve a verdade, fruto de tua luz. Onde encontrar desespero, que eu leve a esperança de teu nome, Jesus.

4. Onde eu encontrar um irmão a chorar de tristeza, sem ter voz e nem vez, quero bem em seu coração, semear alegria, pra florir gratidão.

5. Mestre, que eu saiba amar, compreender, consolar e dar sem receber. Quero sempre mais perdoar, trabalhar na conquista e vitória da paz.